もくじ

光村図書版 国語 4年 準拠

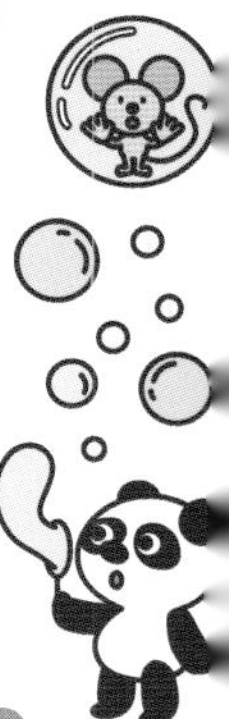

教科書 上

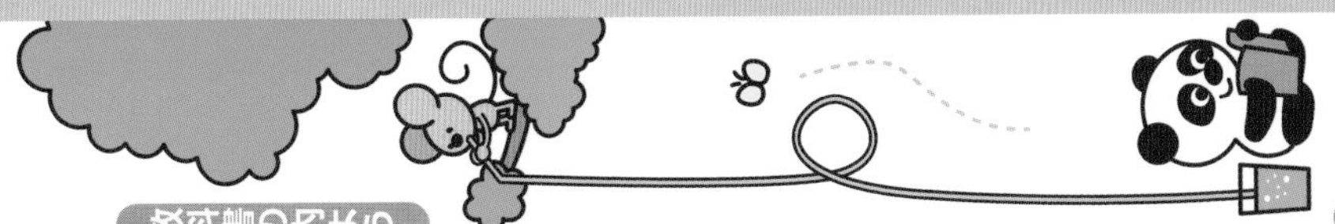

きほん 1

教科書㊤21〜37ページ

白いぼうし
図書館の達人になろう

月　日

10分　／100点

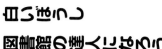

1 ——の漢字の読みがなを書きましょう。 一つ4〔68点〕

(1) 信号が赤だ。（　）
(2) 速達で送る。（　）
(3) 物が飛び出す。（　）
(4) 車の運転席。（　）
(5) 大きな建物。（　）
(6) 菜の花がさく。（　）
(7) 目標をもつ。（　）
(8) 問いの例。（　）
(9) 友達の考え。（　）
(10) 方法を調べる。（　）
(11) 本の分類。（　）
(12) 機械を使う。（　）
(13) 司書の先生。（　）
(14) 百科事典（　）
(15) 文字を記す。（　）
(16) 五十音順（　）
(17) 記録をつける。（　）

2 次の漢字の部首名をア〜エからえらんで、記号で答えましょう。 一つ4〔8点〕

(1) 信（　）　(2) 録（　）

ア さんずい　イ ごんべん　ウ かねへん　エ にんべん

3 次の言葉の意味をア〜エからえらんで、——でむすびましょう。 一つ6〔24点〕

(1) たくし上げる　・　　・ア おどろいて目を見開く。
(2) そめつける　・　　・イ そでなどをまくり上げる。
(3) 目を丸くする　・　　・ウ いっぱいになりあふれ出てくる。
(4) こみ上げる　・　　・エ そめて色やもようをつける。

答えは65ページ

かくにん 1

白いぼうし
図書館の達人になろう

教科書㊤21～37ページ

月　日

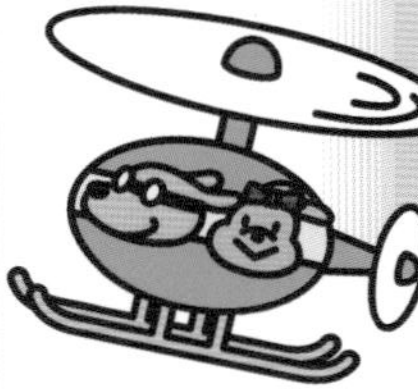

10分　／100点

1 □に当てはまる漢字を書きましょう。　一つ7〔49点〕

(1) □□（しんごう）がかわる。

(2) □□（そくたつ）がとどく。

(3) 外に□（と）び出す。

(4) バスの□□□（うんてんせき）。

(5) □（な）の花をつむ。

(6) □□（ぶんるい）の□□（ほうほう）。

2 ――の言葉を、漢字と送りがなで書きましょう。　一つ8〔16点〕

(1) 人を動物にたとえる。（　　）

(2) 新しい家をたてる。（　　）

3 （　）に当てはまる言葉をア～オからえらんで、記ごうで答えましょう。　一つ7〔35点〕

(1) 弟は、わたしの手を（　）と引っぱりました。

(2) 母は時間を気にしながら、（　）と歩いていきました。

(3) おばさんはわたしを、（　）とながめ回しました。

(4) 紙は風にふかれて、（　）と空にまい上がりました。

(5) 車が走り出すと、町は（　）遠ざかっていきました。

ア　じろじろ　イ　ぐいぐい　ウ　せかせか

エ　ひらひら　オ　みるみる

きほん 2

教科書上38〜43ページ

漢字辞典を使おう
きせつの言葉1　春の楽しみ

月　日

10分

／100点

1 ――の漢字の読みがなを書きましょう。　一つ4〔76点〕

(1) 辞典を使う。（　）
(2) 漢字の成り立ち。（　）
(3) 画数が少ない。（　）
(4) 音訓の読み方。（　）
(5) 漢字の部首。（　）
(6) 目印にする。（　）
(7) 東西南北。（　）
(8) 静かな場所。（　）
(9) 古いお社。（　）
(10) 姉の愛読書。（　）
(11) 昨夜の雨。（　）
(12) 物事の本を正す。（　）
(13) 青年が歩く。（　）
(14) 城のあと。（　）
(15) 初夏の花。（　）
(16) 美しい風景。（　）
(17) 馬の群れ。（　）
(18) 絵画をかざる。（　）
(19) 立春になる。（　）

2 ――の漢字の、二通りの読みがなを書きましょう。　一つ6〔24点〕

(1)
① 事業を成しとげる。（　）
② 朝顔が成長する。（　）

(2)
① 古くからの城下町。（　）
② 城をながめる。（　）

答えは65ページ

かくにん 2

漢字辞典を使おう
きせつの言葉1　春の楽しみ

教科書㊤38〜43ページ

月　日

10分　／100点

1 □に当てはまる漢字を書きましょう。　一つ8〔48点〕

(1) 国語□□（じてん）を引く。
(2) □（くん）読みの漢字。
(3) □□（めじるし）をつける。
(4) □□（さくや）の出来事。
(5) □□（ふうけい）をえがく。
(6) 羊の□（む）れ。

2 次のような場合、どのさくいんで漢字を調べますか。ア〜ウからえらんで、記号で答えましょう。　一つ8〔24点〕

(1) 漢字の読み方が分かっている。（　　）
(2) 漢字の読み方も部首も分からない。（　　）
(3) 漢字の部首が分かっている。（　　）

ア　部首さくいん　イ　総（そう）画さくいん　ウ　音くんさくいん

3 次の漢字の部首名をひらがなで（　）に、部首の画数を算用数字で□に書きましょう。　一つ7〔28点〕

(1) 道（　　　）□画
(2) 陽（　　　）□画

きほん 3

教科書(上)44～49ページ

聞き取りメモのくふう
話し方や聞き方からつたわること

月　日

10分　／100点

1 ――の漢字の読みがなを書きましょう。 一つ8〔48点〕

(1) 必要なもの。（　　）
(2) 目的に合う。（　　）
(3) 記号を用いる。（　　）
(4) 必ず行く。（　　）
(5) 要となる人物。（　　）
(6) 的に当てる。（　　）

2 次の漢字の赤い部分は、何画目に書きますか。算用数字で書きましょう。 一つ10〔20点〕

(1) 必（　　）画目
(2) 要（　　）画目

3 話を聞きながらメモを取るときに大切なことをまとめました。（　）に当てはまる言葉をア～エからえらんで、記号で答えましょう。 一つ8〔32点〕

(1) メモを取る話題と（　　）をたしかめる。
(2) 必要なことは何かを考え、まとまりごとに要点を（　　）言葉で書く。
(3) （　　）にして矢印や記号を用いたり、後でたしかめたいことには印などをしたりする。
(4) 話を聞き終わったら、すぐにメモを読み返し、書き足すなどして（　　）する。

ア 目的　イ 短い
ウ 整理　エ かじょう書き

答えは65ページ

かくにん 3

聞き取りメモのくふう
話し方や聞き方からつたわること

教科書㊤44～49ページ

月　　日

10分　／100点

1 □に当てはまる漢字を書きましょう。　一つ12〔36点〕

(1) □□（ひつよう）な道具。

(2) 話し合いの□□（もくてき）。

(3) 矢印を□（も）ちいる。

2 聞いたことをたしかめる言い方を二つえらんで、○をつけましょう。　一つ8〔16点〕

(1) （　）野球を始めた理由を、もう一度、教えてください。

(2) （　）みんなにもっとつたえたいことはありますか。

(3) （　）野球を始めたのは、三年前で合っていますか。

(4) （　）野球の練習は、週に何回ありますか。

3 次のような話し方や聞き方をすると、相手はどう受け止めると思いますか。ア～エからえらんで、記号で答えましょう。　一つ12〔48点〕

(1) 話している相手の顔を見ずに話を聞く。（　）

(2) クラスのみんなに早口で明日の予定をつたえる。（　）

(3) メモを取りながら聞くときは、話す人の方も見る。（　）

(4) てつだいをたのんだら、間をおいて「いいよ。」と言われた。（　）

ア　ねっしんに聞いている。　イ　話にきょうみがなさそうだ。

ウ　話す内容（よう）が分かりにくい。　エ　気が進まないようだ。

きほん 4

教科書㊤50～51ページ

カンジーはかせの都道府県の旅1 (1)

月　日

10分　／100点

1 ――の漢字の読みがなを書きましょう。　一つ5〔60点〕

(1) 都道府県。（　）
(2) 宮城県に住む。（　）
(3) 七夕の由来。（　）
(4) 山形県の祭り。（　）
(5) 茨城県の湖。（　）
(6) 栃木県の神社。（　）
(7) 群馬県の名物。（　）
(8) 埼玉県の川。（　）
(9) 人口がふえる。（　）
(10) 神奈川県の港。（　）
(11) 新潟県産(さん)の米。（　）
(12) 茨の道。（　）

2 ――の漢字の読みがなを書きましょう。　一つ4〔40点〕

(1)
① 有名人の手形。（　）
② 三角形におる。（　）
③ 人形をかざる。（　）

(2)
① 馬力(りき)がある車。（　）
② 絵馬をおさめる。（　）

(3)
① 世界の人口。（　）
② 口を開ける。（　）

(4)
① 新聞を読む。（　）
② 新たな目標。（　）
③ 新潟県へ行く。（　）

答えは65ページ

かくにん４

教科書㊤50～51ページ

カンジーはかせの都道府県の旅１　(1)

月　日

10分　／100点

1 □に当てはまる漢字を書きましょう。　一つ９〔72点〕

(1) 都道□（ふ）県の地図。

(2) □□（みやぎ）県の山。

(3) □□（いばらき）県の鉄道。

(4) □□（とちぎ）県の特産物（とくさん）。

(5) □□（ぐんま）県の温泉（せん）。

(6) □□（さいたま）県の都市（し）。

(7) □□□（かながわ）県の橋。

(8) □□（にいがた）県のスキー場。

2 次の――のひらがなを漢字で書きましょう。　一つ７〔14点〕

(1) たまご<u>がた</u>の石を拾う。（　　）

(2) 日本の<u>じんこう</u>は今後へると予想されている。（　　）

3 次の言葉の意味をア～エからえらんで、記号で答えましょう。　一つ７〔14点〕

(1) 特産品（　）

(2) 風物詩（　）

ア そのきせつらしさをよく表しているもの。

イ とくにその地方でとれたり作られたりするもの。

ウ たいへんめずらしくてきちょうなもの。

エ どの土地でも作ることができるもの。

きほん 5

教科書㊤50～51ページ

カンジーはかせの都道府県の旅1 (2)

月　日

／100点　10分

1 ――の漢字の読みがなを書きましょう。　一つ6〔36点〕

(1) 富山県のダム。（　　）
(2) 福井県のかに。（　　）
(3) 山梨県の山。（　　）
(4) お茶の生産量。（　　）
(5) 岐阜県の人口。（　　）
(6) 静岡県の茶畑。（　　）

2 次の漢字の総画数を、算用数字で書きましょう。　一つ6〔24点〕

(1) 府（　　）画
(2) 梨（　　）画
(3) 阜（　　）画
(4) 岡（　　）画

3 ――の漢字の読みがなを書きましょう。　一つ8〔40点〕

(1)
① 水は豊富にある。（　　）
② 変化に富む地形。（　　）
③ 多くの富をえる。（　　）

(2)
① ごはんの量が多い。（　　）
② 荷物の重さを量る。（　　）

答えは66ページ

かくにん 5

カンジーはかせの都道府県の旅1 (2)

教科書㊤50～51ページ

月　日

10分　／100点

1 □に当てはまる漢字を書きましょう。　一つ8〔48点〕

(1) □□（とやま）県に住む。

(2) □□（ふくい）県にある寺。

(3) □□（やまなし）県産（さん）のブドウ。

(4) 米の生産□（りょう）をふやす。

(5) □□（ぎふ）県へ行く。

(6) □□（しずおか）県産のうなぎ。

2 □に当てはまる、同じ読みの漢字を書きましょう。　一つ7〔28点〕

(1)
① □（りょう）手で箱を持つ。
② しおの分□（りょう）。

(2)
① □（い）戸の水。
② □（い）者になる。

3 〔　〕の中の部分を二つずつ組み合わせて、漢字を三つ作りましょう。　一つ8〔24点〕

〔羊　示　木　大　利　君〕

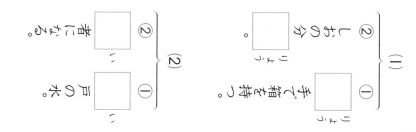

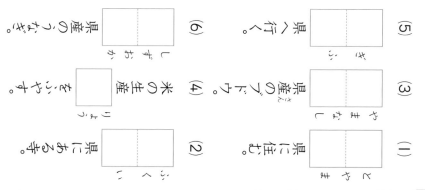

□　□　□

きほん 6

漢字の広場①

教科書㊤52ページ

月　日

10分　／100点

1 ――の漢字の読みがなを書きましょう。　一つ4〔84点〕

(1) 小さな島。（　　）
(2) 病院に行く。（　　）
(3) お宮にまいる。（　　）
(4) 行列ができる。（　　）
(5) 町の図書館。（　　）
(6) 川ぞいの地区。（　　）
(7) 役所に行く。（　　）
(8) 申しこみ用紙。（　　）
(9) 曲がり道。（　　）
(10) 羊をかう。（　　）
(11) なえを植える。（　　）
(12) 温室で育てる。（　　）
(13) 商店がならぶ。（　　）
(14) 村の農家。（　　）
(15) 薬局に入る。（　　）
(16) 港をながめる。（　　）
(17) 坂道を上る。（　　）
(18) 宿にとまる。（　　）
(19) 町の中央。（　　）
(20) 地方の放送局。（　　）
(21) 駅まで歩く。（　　）

2 ――の漢字の、二通りの読みがなを書きましょう。　一つ4〔16点〕

(1)
① 歩道橋をわたる。（　　）
② 橋をかける。（　　）

(2)
① 物語の作者。（　　）
② 人気者になる。（　　）

答えは66ページ

かくにん 6

漢字の広場①

教科書㊤52ページ

月　日

10分　／100点

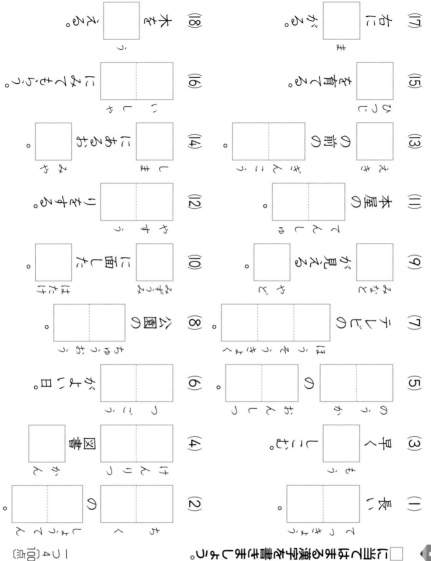

1 □に当てはまる漢字を書きましょう。　一つ4〔100点〕

(1) 長い□□（てっきょう）。

(2) □□（ちく）の□□（しょうてん）。

(3) 早く□（もう）しこむ。

(4) □□（けんりつ）図書□（かん）

(5) □□（のうか）の□□（おんしつ）。

(6) □□（つごう）がよい日。

(7) テレビの□□□（ほうそうきょく）。

(8) 公園の□□（ちゅうおう）。

(9) □（みなと）が見える□（やど）。

(10) □（みずうみ）に面した□（はたけ）。

(11) 本屋の□□（てんしゅ）。

(12) □□（やすう）りをする。

(13) □（えき）の前の□□（ぎんこう）。

(14) □（しま）にあるお□（みや）。

(15) □（ひつじ）を育てる。

(16) □□（いしゃ）にみてもらう。

(17) 右に□（ま）がる。

(18) 木を□（う）える。

きほん 7

教科書 上 53〜65ページ

月　日

10分　／100点

思いやりのデザイン
アップとルーズで伝える

1 ――の漢字の読みがなを書きましょう。 一つ5〔60点〕

(1) 文章で伝える。（　　）
(2) 案内図で表す。（　　）
(3) 説明図を用いる。（　　）
(4) 美しい景色。（　　）
(5) 試合の放送。（　　）
(6) 後半が始まる。（　　）
(7) チームの選手。（　　）
(8) 観客席にすわる。（　　）
(9) 旗をふる。（　　）
(10) 勝利をよろこぶ。（　　）
(11) 取材をする。（　　）
(12) 関係をとらえる。（　　）

2 次の漢字の筆順の正しいほうに、○をつけましょう。 一つ6〔12点〕

(1)
ア（　） 、 亠 亖 言 訁 訁 訁 訁 試 試
イ（　） 、 亠 亖 言 訁 試 試 試 試 試

(2)
ア（　） ' 亠 方 方 方 方 於 旃 旗 旗
イ（　） ' 亠 方 方 方 於 旃 旃 旗 旗

3 （　）に当てはまる言葉をア〜エから選んで、記号で答えましょう。 一つ7〔28点〕

(1) 時代の変化（へん）に（　）デザインを決める。
(2) 会場の席は多くの人で、ほぼ（　）いる。
(3) くじが当たって、こうふんを（　）いられなかった。
(4) 歌手は観客席に（　）手をあげた。

ア うまって　イ おさえて
ウ 向かって　エ おうじて

答えは66ページ

かくにん 7

教科書㊤53〜65ページ

思いやりのデザイン
アップとルーズで伝える

月　日

10分　／100点

1 □に当てはまる漢字を書きましょう。　一つ7〔70点〕

(1) 気持ちを□（つた）える。
(2) 駅の□□□（あんないず）。
(3) 言葉で□□（せつめい）する。
(4) 美しい□□（けしき）。
(5) □□（しあい）に出場する。
(6) サッカーの□□（せんしゅ）。
(7) 広い□□□（かんきゃくせき）。
(8) クラスの□（はた）を作る。
(9) 赤組が□□（しょうり）する。
(10) 記者が□□（しゅざい）をする。

2 次の文には漢字のまちがいが一つずつあります。まちがえている漢字の横に——を引いて、正しい漢字を書きましょう。　両方できて一つ6〔12点〕

(1) 目的をはたすための名安を思いついた。（　　）
(2) 段（だん）落どうしの間係を読みとる。（　　）

3 次の言葉の意味をア〜ウからえらんで、——でむすびましょう。　一つ6〔18点〕

(1) はんい　・　　・ア　記事などの題ざいを集めること。
(2) 視（し）線　・　　・イ　かぎられた広がり。
(3) しゅざい・　　・ウ　見つめている目の方向。

きほん 8

お礼の気持ちを伝えよう

教科書㊤66〜69ページ

月　日

10分　／100点

1 ――の漢字の読みがなを書きましょう。　一つ8〔40点〕

(1) 学校以外。（　　）

(2) 季節の言葉。（　　）

(3) 市区町村名。（　　）

(4) 郡名をはぶく。（　　）

(5) 竹の節。（　　）

2 次の漢字の総画数を、算用数字で書きましょう。　一つ8〔16点〕

(1) 季（　　）画

(2) 節（　　）画

3 ――の漢字の、二通りの読みがなを書きましょう。　一つ7〔28点〕

(1)
① 市役所の中。（　　）
② 市場へ行く。（　　）

(2)
① 村の祭り。（　　）
② 村長の話。（　　）

4 次の文に合うほうの漢字に、○をつけましょう。　一つ8〔16点〕

(1) 問題は｛意外・以外｝とかんたんだった。

(2) 水とう｛意外・以外｝は全て用意した。

答えは66ページ

かくにん 8

お礼の気持ちを伝えよう

教科書㊤66〜69ページ

月　日

10分　／100点

1 □に当てはまる漢字を書きましょう。　一つ8〔32点〕

(1) 学級□□（いがい）の友達。

(2) □□（きせつ）がかわる。

(3) □□□□（しくちょうそん）。

(4) □□（ぐんめい）を書く。

2 □に当てはまる、形がにた漢字を書きましょう。　一つ8〔32点〕

(1) ① 岩手県岩手□（ぐん）。　② いなごの大□（ぐん）。

(2) ① 四□（き）おりおりの花。　② □（い）員会の仕事。

3 次の言葉に合う説明をア〜エから選んで、記号で答えましょう。　一つ6〔24点〕

(1) 初めのあいさつ（　）　(2) 本文（　）

(3) むすびのあいさつ（　）　(4) 後づけ（　）

ア　きせつの言葉や相手の様子をたずねる言葉と、自分のしょうかい。

イ　相手を気づかう言葉や、わかれの言葉。

ウ　日づけ、自分や相手のなまえ。

エ　伝えたいこと。

4 手紙で気持ちを伝えるときに大切なことをまとめました。（　）に当てはまる言葉をア〜エから選んで、記号で答えましょう。　一つ6〔12点〕

手紙を書く（　）を明らかにし、相手に対する気持ちがよりよく伝わるように、書く（　）を考える。

ア　内容（ようう）　イ　考え　ウ　目的　エ　メモ

きほん 9

教科書㊤70ページ

漢字の広場②

月　日

10分　／100点

1 ――の漢字の読みがなを書きましょう。　一つ4〔84点〕

(1) 緑色のリボン。（　）
(2) 平等に分ける。（　）
(3) わたしの家族。（　）
(4) 暑い夏の日。（　）
(5) 出発の時こく。（　）
(6) 水を注ぐ。（　）
(7) 温度をはかる。（　）
(8) 夏祭りの日。（　）
(9) 根が生える。（　）
(10) 太陽がてる。（　）
(11) 発表会の練習。（　）
(12) 辞典で調べる。（　）
(13) 炭を運ぶ。（　）
(14) 九州に向かう。（　）
(15) 波がよせる。（　）
(16) 油でいためる。（　）
(17) 大きな荷物。（　）
(18) 有名人に会う。（　）
(19) 予定表を配る。（　）
(20) 生物の研究。（　）
(21) 鉄板でやく。（　）

2 ――の漢字の、二通りの読みがなを書きましょう。　一つ4〔16点〕

(1)
① 旅行から帰る。（　）
② 長旅に出る。（　）

(2)
① 氷がとける。（　）
② 氷山がうかぶ。（　）

答えは67ページ

かくにん 9

漢字の広場②

教科書㊤70ページ

月　日

10分　／100点

1 □に当てはまる漢字を書きましょう。　一つ4〔100点〕

(1) 料理(りょう)を□(あじ)わう。

(2) □□(りょこう)の□□(よてい)。

(3) 海で□(およ)ぐ。

(4) □□(にもつ)を□(も)つ。

(5) □□(びょうどう)に□(くば)る。

(6) □(まめ)まきをする。

(7) 今年の夏は□(あつ)い。

(8) □(あぶら)を□(そそ)ぐ。

(9) □□(かぞく)とすごす。

(10) □□(おんど)を□(しら)べる。

(11) □(いき)つぎの□□(れんしゅう)。

(12) □□□□(じゆうけんきゅう)。

(13) 朝早く□□(しゅっぱつ)する。

(14) かき□(ごおり)を食べる。

(15) スピードが□(はや)い。

(16) □□(みどりいろ)の□(は)っぱ。

(17) 宿題を□□(ぜんぶ)終える。

(18) 矢が□□(めいちゅう)する。

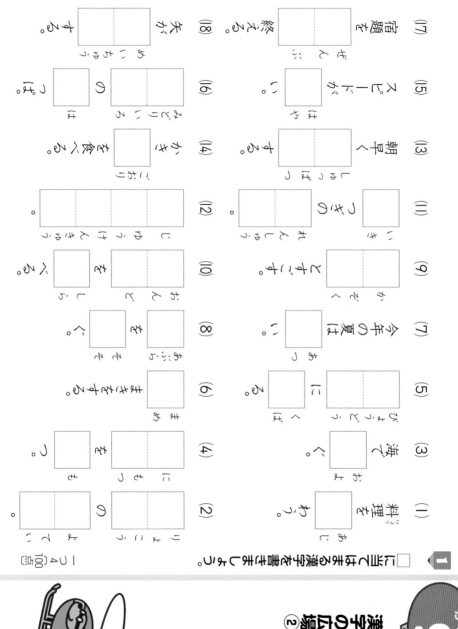

きほん 10

一つの花

教科書 上 71〜84ページ

月　日

10分　／100点

1 ──の漢字の読みがなを書きましょう。 一つ5〔65点〕

(1) 戦争が始まる。（　　）
(2) 配給のいも。（　　）
(3) ご飯をたく。（　　）
(4) 防空頭巾（ぼうくうずきん）。（　　）
(5) 包帯をまく。（　　）
(6) 泣き顔になる。（　　）
(7) 軍歌が流れる。（　　）
(8) 兵隊になる。（　　）
(9) 一輪の花。（　　）
(10) チームで戦う。（　　）
(11) 一点を争う。（　　）
(12) 昼飯を食べる。（　　）
(13) 輪投げで遊ぶ。（　　）

2 次の漢字の三画目に書く部分を、えんぴつでなぞりましょう。 一つ7〔14点〕

(1) 包
(2) 帯

3 （　）に当てはまる言葉を、［　］から選んで書きましょう。 一つ7〔21点〕

(1) のどがかわいていたその犬は、（　　）水を飲んだ。
(2) まいごの女の子は、（　　）泣きだしてしまった。
(3) いそがしいと父は（　　）カレーを作った。

［決まって　いくらでも　とうとう］

答えは67ページ

かくにん 10

一つの花

教科書㊤71～84ページ

月　日

10分　／100点

1 □に当てはまる漢字を書きましょう。　一つ8〔64点〕

(1) □□（せんそう）が終わる。

(2) お米の□□（はいきゅう）。

(3) ご□（はん）の用意。

(4) □□（ほうたい）をほどく。

(5) 声をあげて□（な）く。

(6) □□（ぐんか）が聞こえる。

(7) □□（へいたい）の男。

(8) □□（いちりん）のバラ。

2 ――の言葉を、漢字と送りがなで書きましょう。　一つ7〔28点〕

(1) 他のチームと<u>たたかう</u>。（　　）

(2) 空が赤みを<u>おびる</u>。（　　）

(3) やきいもを新聞紙で<u>つつむ</u>。（　　）

(4) 姉と先を<u>あらそう</u>。（　　）

3 次の――の表現（げん）は、どのような様子を表していますか。ア～エから選んで、記号で答えましょう。〔8点〕

○すみれは、木（こ）かげで<u>わすれられたように</u>さいていた。（　）

ア　目を引く様子。　　イ　少ししかない様子。

ウ　目立たない様子。　エ　かわいらしい様子。

きほん 11

つなぎ言葉のはたらきを知ろう

教科書 上 85〜87ページ

月　日

10分　／100点

1 ——の漢字の読みがなを書きましょう。　一つ6〔66点〕

(1) 健康なくらし。（　　）
(2) 夫とつま。（　　）
(3) 坂口氏の研究。（　　）
(4) 祝日の予定。（　　）
(5) 百貨店へ行く。（　　）
(6) 台風が来る。（　　）
(7) 児童館で遊ぶ。（　　）
(8) 昨日の宿題。（　　）
(9) 体の器官。（　　）
(10) うでが良い大工。（　　）
(11) 徒競走に出る。（　　）

2 次の漢字の総(そう)画数を、算用数字で書きましょう。　一つ5〔10点〕

(1) 健（　　）画
(2) 競（　　）画

3 （　）に当てはまる言葉を□から選んで、書きましょう。　一つ4〔24点〕

(1) 午後は雨だそうだ。（　　）、かさを持ってきた。
(2) せいいっぱい努(ど)力した。（　　）、失敗(しっぱい)した。
(3) 夏は山へ行きますか。（　　）、海へ行きますか。
(4) はげしい雨がふっている。（　　）、風も強い。
(5) 日本で最(もっと)も高い山、（　　）、富士(ふじ)山に登りたい。
(6) 食事はすんだ。（　　）、これから何をしよう。

しかし　しかも　つまり　だから　さて　それとも

答えは67ページ

かくにん 11

つなぎ言葉のはたらきを知ろう

教科書㊤85～87ページ

月　日

10分　／100点

1 □に当てはまる漢字を書きましょう。　一つ10〔70点〕

(1) □□(けんこう)にすごす。

(2) □□(しゅくじつ)に□(おっと)と出かける。

(3) 中山□(し)の話を聞く。

(4) 近くの□□□(じどうかん)。

(5) 消化□□(きかん)。

(6) 運動会の□□□(ときょうそう)。

2 次のはたらきをするつなぎ言葉をア～オから選んで、記号で答えましょう。　一つ5〔20点〕

(1) 前の文を理由とする文が次に来ることを表す。（　）

(2) 話題をかえることを表す。（　）

(3) 前の文から予想されない文が次に来ることを表す。（　）

(4) 前の文に、後ろの文をつけくわえることを表す。（　）

ア　ところで　　イ　あるいは　　ウ　そのため
エ　けれども　　オ　そして

3 次の文で(1)・(2)の気持ちを表すには、□にア～ウのどのつなぎ言葉を入れるとよいですか。記号で答えましょう。　一つ5〔10点〕

○わたしは、必死で勉強した。□、テストで九十点だった。

(1) 九十点しか取れなくてくやしい。（　）

(2) 九十点を取れてうれしい。（　）

ア　しかし　　イ　だから　　ウ　また

きほん 12

教科書（上）88〜99ページ

短歌・俳句に親しもう（一）／要約するとき／新聞を作ろう／アンケート調査のしかた

月　日

10分　／100点

1 ――の漢字の読みがなを書きましょう。　一つ6〔54点〕

(1) 芽を出す。（　　）
(2) 奈良の都。（　　）
(3) 一輪の梅。（　　）
(4) 文章の要約。（　　）
(5) 工夫をこらす。（　　）
(6) わり付けをする。（　　）
(7) 清書する。（　　）
(8) 回答を出す。（　　）
(9) 家の付近。（　　）

2 次の俳句には、どんな様子がえがかれていますか。ア〜ウから選んで、記号で答えましょう。　一つ6〔18点〕

(1) 梅一輪一輪ほどの暖かさ　服部嵐雪（　）
(2) 夏河を越すうれしさよ手に草履　与謝蕪村（　）
(3) 雀の子そこのけそこのけ御馬が通る　小林一茶（　）

ア 少しずつ春になっていくことを感じる様子。
イ 馬が通る道にいる雀の子を気づかう様子。
ウ 暑い中、水のつめたさを感じながら川をわたる様子。

3 要約するときに気をつけることをまとめました。（　）に当てはまる言葉をア〜エから選んで、記号で答えましょう。　一つ7〔28点〕

(1) 伝える相手と要約の目的や、まとめる（　）をたしかめる。
(2) 説明文や物語など、元の文章の（　）におうじてまとめる。
(3) 要約と、自分の（　）や（　）とをくべつする。

ア 感想　イ 種類　ウ 意見　エ 分量

答えは67ページ

かくにん 12

教科書㊤88～99ページ

短歌・俳句に親しもう（一）／要約するとき／新聞を作ろう／アンケート調査のしかた

月　日

／100点　10分

1 □に当てはまる漢字をかきましょう。　一つ8〔48点〕

(1) 朝顔の□（め）。

(2) □（うめ）の花がさく。

(3) 説明文を□□（ようやく）する。

(4) 題名を□□（くふう）する。

(5) 新聞のわり□（つ）け。

(6) 手紙を□□（せいしょ）する。

2 □に当てはまる、形がにた漢字をかきましょう。　一つ9〔36点〕

(1)
① 山を流れる□（せい）流。
② □（せい）天がつづく。

(2)
① □（かい）岸に行く。
② □（うめ）の実がなる。

3 次の言葉の意味をア～ウから選んで、記号で答えましょう。　一つ8〔16点〕

(1) 見出し（　　）

(2) わりつけ（　　）

ア 知りたいことについて調べて、材料を集めること。

イ 新聞などで、記事の大きさと入れる場所を決めること。

ウ 記事の内容を、短い言葉で表したもの。

きほん 13

教科書㊤100〜101ページ

カンジーはかせの都道府県の旅2

月　日

10分　／100点

1 ——の漢字の読みがなを書きましょう。　一つ5〔70点〕

(1) 滋賀県の湖。（　　）
(2) 大阪府の川。（　　）
(3) 鳥取県の梨。（　　）
(4) 徳島県の祭り。（　　）
(5) 香川県のうどん。（　　）
(6) 愛媛県のみかん。（　　）
(7) 佐賀県の焼(やき)物。（　　）
(8) 長崎県の公園。（　　）
(9) 熊本県の城。（　　）
(10) 大分県の駅。（　　）
(11) 鹿児島県の島。（　　）
(12) 沖縄県の海。（　　）
(13) 花が香る。（　　）
(14) 鹿を見る。（　　）

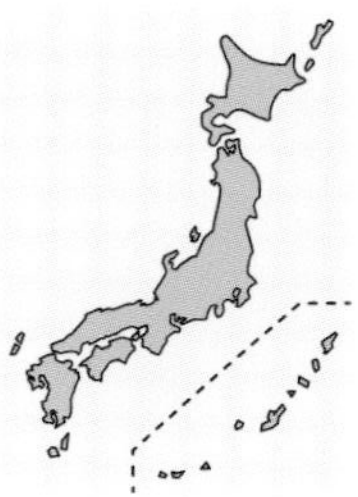

2 次の漢字の筆順の正しいほうに、○をつけましょう。　一つ6〔12点〕

(1)
ア（　）丨 阝 阝 阝一 阝厂 阝万 阪
イ（　）ㇰ 阝 阝 阝一 阝厂 阝万 阪

(2)
ア（　）ノ 亻 亻一 仁 仕 佐 佐
イ（　）ノ 亻 亻ノ 仁 仕 佐 佐

3 次の漢字の部首名をア〜ウから選んで、記号で答えましょう。　一つ6〔18点〕

(1) 徳（　）　(2) 熊（　）　(3) 縄（　）

ア　いとへん　イ　れんが（れっか）　ウ　ぎょうにんべん

答えは68ページ

かくにん 13

教科書㊤100〜101ページ

カンジーはかせの都道府県の旅2

月　日

10分　／100点

1 □に当てはまる漢字を書きましょう。　一つ6〔72点〕

(1) □□(しが)県の名所。
(2) □□(おおさか)府の方言。
(3) □□(とっとり)県の空港。
(4) □□(とくしま)県の人口。
(5) □□(かがわ)県の観光地。
(6) □□(えひめ)県の産(さん)業。
(7) □□(さが)県のミカン。
(8) □□(ながさき)県の教会。
(9) □□(くまもと)県の名物。
(10) □□(おおいた)県の動物園。
(11) □□□(かごしま)県の野菜。
(12) □□(おきなわ)県の水族館。

2 □に当てはまる、同じ読みがなの漢字を書きましょう。　一つ7〔28点〕

(1)
① 知事を補(ほ)□(さ)する。
② 動□(さ)が速い。

(2)
① 絵□(が)をかざる。
② 年□(が)じょう

きほん 14

教科書 上 102～115ページ

季節の言葉2　夏の楽しみ
本のポップや帯を作ろう
神様の階段（だん）

月　日

10分　／100点

1 ――の漢字の読みがなを書きましょう。　一つ6〔54点〕

(1) 熱帯の島。（　　）
(2) みんなが手伝う。（　　う）
(3) 春夏秋冬。（　　）
(4) 田んぼで働く。（　　）
(5) 栄養がある。（　　）
(6) 満ち足りる（　　）
(7) 熱い湯。（　　）
(8) 家族を養う。（　　）
(9) 満足する（　　）

2 次の漢字の四画目に書く部分を、えんぴつでなぞりましょう。　一つ6〔12点〕

(1) 熱
(2) 養

3 次の行事と関係のある言葉をア～エから二つずつ選んで、記号で答えましょう。　一つ4〔16点〕

(1) 七夕（　）（　）
(2) ぼんおどり（　）（　）

ア　天の川　　イ　じんべえ
ウ　ささかざり　　エ　やぐら

4 〰〰の言葉の意味をア～ウから選んで、――でむすびましょう。　一つ6〔18点〕

(1) しんせいな場。・　　・ア　そのものだけがもつ様子。
(2) どくとくの味。・　　・イ　重さでおれそうに曲がる様子。
(3) たわわに実る。・　　・ウ　清らかでけがれがないこと。

答えは68ページ

かくにん 14

季節の言葉2　夏の楽しみ
本のポップや帯を作ろう
神様の階段(だん)

教科書㊤102〜115ページ

月　日

10分　／100点

1 □に当てはまる漢字を書きましょう。　一つ8〔48点〕

(1) □□(ねったい)にある国。
(2) 仕事を□□(てつだ)う。
(3) 春夏□□(しゅうとう)。
(4) もくもくと□(はたら)く。
(5) 野菜の□□(えいよう)。
(6) □(み)ち足りた顔。

2 読書に親しむ読み方をまとめました。(　)に当てはまる言葉を、ア〜エから選んで、記号で答えましょう。　一つ9〔36点〕

(1) 先に起きることを(　)したり、(　)をもったりしながら読む。
(2) 分からない(　)が出てきたら、前後の文章から考えたり、国語辞典などで調べたりして読む。
(3) 読む速さをかえる、少しもどって読み直すなど、自分の(　)で読み進める。

ア　予想　　イ　ペース　　ウ　問い　　エ　言葉

3 次の文に合うほうを選び、○をつけましょう。　一つ8〔16点〕

本をしょうかいする方法に、「ポップ」と「帯」がある。
{ポップ／帯}はカード、{ポップ／帯}は表紙の上からまく紙で、どちらも本のよさや、かんたんな内容(よう)が書かれている。

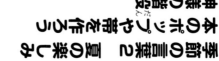

きほん 15

教科書 上 116〜129ページ

忘（わす）れもの／ぼくは川
あなたなら、どう言う
パンフレットを読もう
どう直したらいいかな
いろいろな意味をもつ言葉

月　日

10分　／100点

1 ――の漢字の読みがなを書きましょう。　一つ5〔85点〕

(1) 真っ赤な夕日。（　っ　）
(2) お姉さん。（お　さん）
(3) 人に命令する。（　）
(4) 文字の位置。（　）
(5) 漁業がさかん。（　）
(6) 町の海水浴場。（　）
(7) 出欠をとる。（　）
(8) 学校の卒業式。（　）
(9) 単行本を読む。（　）
(10) 結果を出す。（　）
(11) 円の直径。（　）
(12) 副大臣になる。（　）
(13) 街灯がつく。（　）
(14) 荷物を置く。（　）
(15) 水を浴びる。（　）
(16) ひもを結ぶ。（　）
(17) 役目を果たす。（　）

2 次の「さす」の意味をア〜オから選んで、記号で答えましょう。　一つ3〔15点〕

(1) かさをさす。（　）
(2) ハチが足をさす。（　）
(3) 山の方をさす。（　）
(4) ぶしが刀をさす。（　）
(5) 顔に赤みがさす。（　）

ア 帯などにはさみ入れる。
イ 頭の上にかざす。
ウ とがった物をつき入れる。
エ 変（へん）化があらわれる。
オ 方向や場所を指でしめす。

答えは68ページ

かくにん 15

教科書 上 116～129ページ

忘れもの／ぼくは川　あなたなら、どう言う　パンフレットを読もう　どう直したらいいかな　いろいろな意味をもつ言葉

月　日

10分　／100点

1 □に当てはまる漢字を書きましょう。　一つ8〔64点〕

(1) □□（めいれい）する
(2) 立つ□□（いち）を決める。
(3) □□（ぎょぎょう）に取り組む。
(4) 姉の□□□（そつぎょうしき）。
(5) □□□（たんこうぼん）を買う。
(6) 良い□□（けっか）になる。
(7) □□（ちょっけい）をはかる。
(8) □□（がいとう）の明かり。

2 対話のときに注意することをまとめました。（　）に当てはまる言葉をア～ウから選んで、記号で答えましょう。　一つ6〔18点〕

(1) 相手の言葉や行動などには、どのような（　　）があるか、自分とはちがう（　　）になって考える。
(2) 相手の思いを（　　）し、言い方を考える。

ア　そうぞう　　イ　理由　　ウ　立場

3 次の□に入る同じ言葉を、（　）にひらがなで書きましょう。　一つ6〔18点〕

(1) 家が□。　先頭に□。　湯気が□。　（　　　）
(2) 橋が□。　医者に□。　かぎが□。　（　　　）
(3) 気を□。　日記を□。　電気を□。　（　　　）

きほん 16

ローマ字を使いこなそう

教科書 上 130(2)〜131(1)ページ

月　日

10分　／100点

1 ――の漢字の読みがなを書きましょう。　一つ7〔42点〕

(1) 英語の発音。（　　）
(2) 参考にする。（　　）
(3) 合唱コンクール。（　　）
(4) 塩気を足す。（　　）
(5) 治水の働き。（　　）
(6) 本を印刷する。（　　）

2 ――の漢字の、二通りの読みがなを書きましょう。　一つ7〔28点〕

(1)
① 番号を暗唱する。（　　）
② じゅもんを唱える。（　　）

(2)
① 紙面を刷新する。（　　）
② 新聞を刷る。（　　）

3 次の漢字の総画数（そう）を、算用数字で書きましょう。　一つ8〔16点〕

(1) 英（　　）画
(2) 治（　　）画

4 次の言葉の書き方が正しいほうに、○をつけましょう。　一つ7〔14点〕

(1) 着席
（　）tyakuseki
（　）takuseki

(2) 辞書
（　）gisyo
（　）zisyo

答えは68ページ

かくにん 16

ローマ字を使いこなそう

教科書 ㊤ 130(2)〜131(1)ページ

月　日

10分　／100点

1 □に当てはまる漢字を書きましょう。　一つ5〔30点〕

(1) □□（えいご）を話す。

(2) 本を□□（さんこう）にする。

(3) □□（がっしょう）を聞く。

(4) □□（しおけ）が強い。

(5) □□（ちすい）の取り組み。

(6) 書類を□□（いんさつ）する。

2 コンピュータで文字を入力するとき、——はどのように入力すればよいですか。（　）にローマ字を書きましょう。　一つ7〔28点〕

(1) みかづき（「づ」に傍線）

mika（　　）ki

(2) ごはん ちゃわん（「ん」「ちゃ」「ん」に傍線）

goha（　　）（　　）wa（　　）

3 次の言葉を、ローマ字の二つの書き方で書きましょう。　一つ7〔42点〕

(1) 石

(2) 注意

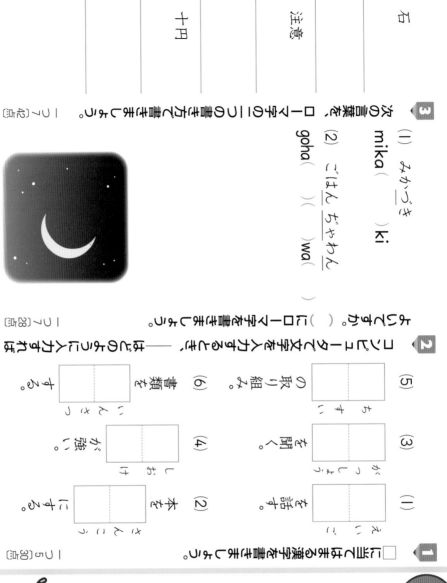

(3) 十円

きほん 17

漢字の広場③

教科書㊤132ページ

月　日

10分

／100点

1 ——の漢字の読みがなを書きましょう。 一つ4〔100点〕

(1) 幸福にくらす。（　　）

(2) 海に向かう。（　　）

(3) 物語の始まり。（　　）

(4) 美しいおどり。（　　）

(5) お酒をつぐ。（　　）

(6) ふたを開ける。（　　）

(7) 皿にもる。（　　）

(8) 坂を転がる。（　　）

(9) 船に乗る。（　　）

(10) 海岸で遊ぶ。（　　）

(11) その場を去る。（　　）

(12) 深いあな。（　　）

(13) 箱を受け取る。（　　）

(14) 石を落とす。（　　）

(15) 水を飲む。（　　）

(16) お礼を言う。（　　）

(17) 話の終わり。（　　）

(18) 悪いいたずら。（　　）

(19) 犬を追う。（　　）

(20) まっすぐ進む。（　　）

(21) 暗い夜道。（　　）

(22) 悲しい話。（　　）

(23) 玉手箱を開く。（　　）

(24) 人を助ける。（　　）

(25) 目的地に着く。（　　）

答えは69ページ

かくにん 17

漢字の広場③

教科書㊤132ページ

月　日

10分

／100点

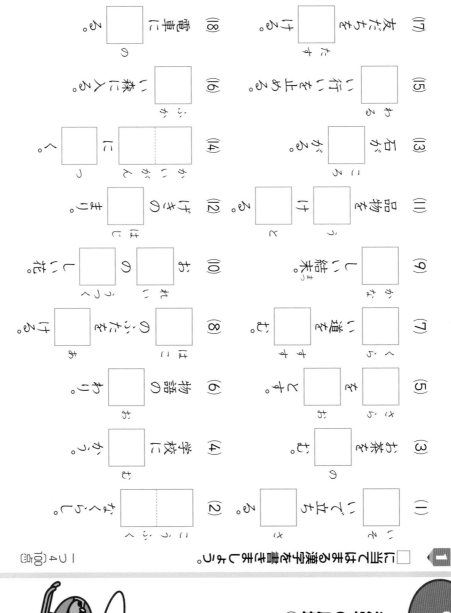

1 □に当てはまる漢字を書きましょう。　一つ4〔100点〕

(1) □(いそ)いで立ち□(さ)る。

(2) □□(こうふく)なくらし。

(3) お茶を□(の)む。

(4) 学校に□(む)かう。

(5) □(さら)を□(お)とす。

(6) 物語の□(お)わり。

(7) □(くら)い道を□(すす)む。

(8) □(はこ)のふたを□(あ)ける。

(9) □(かな)しい結末(まつ)。

(10) お□(れい)の□(うつく)しい花。

(11) 品物を□(う)け□(と)る。

(12) げきの□(はじ)まり。

(13) 石が□(ころ)がる。

(14) □□(かいがん)に□(つ)く。

(15) □(わる)い行いを止める。

(16) □(ふか)い森に入る。

(17) 友だちを□(たす)ける。

(18) 電車に□(の)る。

きほん 18

教科書 下 13〜35ページ

ごんぎつね
言葉を分類しよう

月　日

10分　／100点

1 ――の漢字の読みがなを書きましょう。　一つ4〔68点〕

(1) 気持ちの変化。（　　）
(2) 物語の結末。（　　）
(3) 菜種をほす。（　　）
(4) 村の百姓(しょう)家。（　　）
(5) 雨がふり続く。（　　）
(6) 小川が流れる。（　　）
(7) 花をふみ折る。（　　）
(8) 荷物を積む。（　　）
(9) 松たけをとる。（　　）
(10) 不思議なこと。（　　）
(11) 明かりが差す。（　　）
(12) 念仏(ぶつ)を唱える。（　　）
(13) 雪を固める。（　　）
(14) 便せんを使う。（　　）
(15) 博物館へ行く。（　　）
(16) 浅い池。（　　）
(17) 種類が多い。（　　）

2 次の漢字の部首名をア〜エから選んで、記号で答えましょう。　一つ5〔20点〕

(1) 種（　　）　(2) 続（　　）　(3) 折（　　）　(4) 松（　　）

ア　いとへん　　イ　きへん
ウ　のぎへん　　エ　てへん

3 次の言葉に続くものをア〜ウから選んで、――で結びましょう。　一つ4〔12点〕

(1) ぽんぽん・　　・ア　光る。
(2) ぬるぬる・　　・イ　投げこむ。
(3) ぴかぴか・　　・ウ　すべる。

答えは69ページ

かくにん 18

ごんぎつね
言葉を分類しよう

教科書㊦13～35ページ

月　日

10分　／100点

1 □に当てはまる漢字を書きましょう。　一つ7〔70点〕

(1) 気温が□□（へんか）する。
(2) 意外な□□（けつまつ）になる。
(3) □□（なたね）油を買う。
(4) 雪がふり□（つづ）く。
(5) 練習を□（つ）む。
(6) □□□（ふしぎ）な話。
(7) 朝日が□（さ）す。
(8) 白い□（びん）せん。
(9) □□□（はくぶつかん）の見学。
(10) □（あさ）い川。

2 ――の言葉を、漢字と送りがなで書きましょう。　一つ5〔15点〕

(1) えんぴつのしんがおれる。（　　）
(2) 落ち葉をすみにかためる。（　　）
(3) 来月の予定がかわる。（　　）

3 （　）に当てはまる言葉をア～ウから選んで、記号で答えましょう。　一つ5〔15点〕

(1) 兄はわたしを置いて、（　）行ってしまった。
(2) 雨がやみ、空は（　）晴れ上がった。
(3) 母は、（　）考えごとをしていた。

ア　からっと　　イ　ぼんやりと　　ウ　さっさと

きほん 19

漢字を正しく使おう

教科書 下 36〜37ページ

月　日

10分　／100点

1 ――の漢字の読みがなを書きましょう。　一つ5〔70点〕

(1) 倉庫の戸。（　）
(2) 名札を付ける。（　）
(3) むすこと孫。（　）
(4) 成功する（　）
(5) 会に参加する。（　）
(6) 遠くの牧場。（　）
(7) 古い読本。（　）
(8) 本を借りる。（　）
(9) 明後日の予定。（　）
(10) 米作の中心地。（　）
(11) 戸外へ出る。（　）
(12) 木かげで休む。（　）
(13) 十月の半ば。（　）
(14) しおを加える。（　）

2 漢字の正しいほうに、○をつけましょう。　一つ5〔30点〕

(1) 夏は｛ア（　）暑い。 イ（　）熱い。｝
(2) 走るのが｛ア（　）早い。 イ（　）速い。｝
(3) 紙を｛ア（　）着る。 イ（　）切る。｝
(4) 病気を｛ア（　）治す。 イ（　）直す。｝
(5) きょう土のれきしに｛ア（　）感心 イ（　）関心｝をもつ。
(6) 学びの良い｛ア（　）機械 イ（　）機会｝をえる。

答えは69ページ

かくにん 19

漢字を正しく使おう

教科書㊦36〜37ページ

月　日

10分　／100点

1 □に当てはまる漢字を書きましょう。　一つ6〔48点〕

(1) 新しい□□(そうこ)。
(2) □□(なふだ)を付ける。
(3) □(まご)の写真。
(4) □□(せいこう)をおさめる。
(5) 練習に□□(さんか)する。
(6) □□(ぼくじょう)の見学。
(7) ペンを□(か)りる。
(8) □□□(みょうごにち)に会う。

2 □に当てはまる、同じ読みの漢字を書きましょう。　一つ6〔24点〕

(1)
① 体重を□(はか)る。
② 時間を□(はか)る。

(2)
① 百メートル□□(きょうそう)。
② □□(きょうそう)相手。

3 ――を、送りがなに気をつけて漢字で書きましょう。　一つ7〔28点〕

(1)
① 弟がおきる。（　　）
② 弟をおこす。（　　）

(2)
① 人があつまらなかった。（　　）
② 人があつまれば始める。（　　）

きほん 20

教科書㊦38～46ページ

季節の言葉3　秋の楽しみ
クラスみんなで決めるには

月　日

10分

／100点

1 ――の漢字の読みがなを書きましょう。　一つ10〔40点〕

(1) 例を挙げる。（　　　）

(2) 人と協力する。（　　　）

(3) 積極的な発言。（　　　）

(4) 意見を求める。（　　　）

2 次の漢字の二画目に書く部分を、えんぴつでなぞりましょう。　一つ9〔18点〕

(1) 協

(2) 求

3 次は秋の七草を挙げたものです。（　）に当てはまるものをア～エから選んで、記号で答えましょう。　一つ9〔18点〕

○はぎ・くず・おみなえし・（　　）・ききょう・（　　）・ふじばかま

ア　はこべら

イ　すすき

ウ　さくら

エ　なでしこ

4 クラスの話し合いにおける、次の立場の人の役わりをア～ウから選んで、――で結びましょう。　一つ8〔24点〕

(1) 司会　・　　・ア　進行にそって自分の考えを発言する。

(2) 提(てい)案者・　　・イ　多くの発言が出るように進行する。

(3) 参加者・　　・ウ　議題について、理由とともに提案する。

答えは69ページ

かくにん 20

教科書 ㊦ 38～46ページ

季節の言葉3　秋の楽しみ
クラスみんなで決めるには

月　日

10分　／100点

1 □に当てはまる漢字を書きましょう。　一つ8〔32点〕

(1) 手を□（あ）げる。

(2) 全員で□□（きょうりょく）する。

(3) □□□□（せっきょくてき）に話す。

(4) 発言を□（もと）める。

2 □に当てはまる、同じ読みの漢字を書きましょう。　一つ7〔28点〕

(1) ① □（きょ）年の出来事。　② 選□（きょ）を行う。

(2) ① 北□（きょく）のクマ。　② ゆうびん□（きょく）。

3 クラスでの話し合いのしかたとして、よいものには○を、よくないものには×をつけましょう。　一つ8〔40点〕

(1) 司会は、発言しない人に発言をうながさない。（　）

(2) 司会は、ところどころで出た意見をまとめる。（　）

(3) 参加者は、自分の立場をはっきりさせて発言する。（　）

(4) 参加者は、他の人の意見へのしつもんはしない。（　）

(5) 参加者は、理由をあげずに自分の考えを言う。（　）

きほん 21

教科書㊦47〜59ページ

未来につなぐ工芸品
工芸品のみりょくを伝えよう

月　日

10分

／100点

1 ——の漢字の読みがなを書きましょう。　一つ8〔48点〕

(1) 未来へつなぐ。（　）
(2) 伝統工芸品（　）
(3) 日本の各地。（　）
(4) 材料の鉄。（　）
(5) 自然にある素材。（　）
(6) 天然の氷。（　）

2 次の言葉の意味をア〜オから選んで、——で結びましょう。　一つ8〔40点〕

(1) 伝統的　・　　・ア　必要以上の重み。
(2) かきごこち　・　　・イ　かいたときの感じ。
(3) 負荷　・　　・ウ　何かをつくるもとになるもの。
(4) 素材　・　　・エ　昔から受けつがれてきた様子。
(5) みりょく　・　　・オ　人の心を引きつける力。

3 みりょくを伝える文章を書くときに、大切なことをまとめました。（　）に当てはまる言葉をア〜エから選んで、記号で答えましょう。　一つ4〔12点〕

(1) 取り上げるもののどんなところをみりょくと感じたのかが、（　）に分かるように、よさをはっきり書く。
(2) 伝えるもののよさを、（　）を挙げながら、くわしく書く。
(3) 相手がそうぞうしにくいものや、自分がとくによさを伝えたいものは、（　）を使って説明する。

ア　書く人　　イ　写真や絵
ウ　具体例　　エ　読む人

答えは70ページ

かくにん 21

未来につなぐ工芸品
工芸品のみりょくを伝えよう

教科書㊦47〜59ページ

月　日

10分　／100点

1 □に当てはまる漢字を書きましょう。　一つ8〔40点〕

(1) □□（みらい）を予想する。

(2) 日本の伝統（とう）□□□（こうげいひん）。

(3) 全国□□（かくち）

(4) □□（ざいりょう）を集める。

(5) □□（しぜん）の中ですごす。

2 □に当てはまる、形がにた漢字を書きましょう。　一つ8〔32点〕

(1)
① 物語の結□（まつ）。
② □（み）知の生物。

(2)
① □（りょう）理を作る。
② 教□（か）書を読む。

3 次の言葉を用いた文には、どんな内容（よう）が書かれていると分かりますか。当てはまるものをア〜エから選んで、記号で答えましょう。　一つ7〔28点〕

(1) 〜でしょうか。（　）
(2) 例えば〜です。（　）
(3) 〜と考えます。（　）
(4) 〜てみてください。（　）

ア　意見　　イ　提案（てい）　　ウ　問いかけ　　エ　具体例

きほん 22

教科書 ㊦ 60〜63ページ

慣用句
短歌・俳句に親しもう（二）

月　日

10分　／100点

1 ——の漢字の読みがなを書きましょう。 一つ7〔42点〕

(1) 仲を取り持つ。（　）
(2) 労をねぎらう。（　）
(3) 世話を焼く。（　）
(4) 頭を冷やす。（　）
(5) 中尊寺金色堂（　）
(6) 光が照らす。（　）

2 次の漢字の赤い部分は、何画目に書きますか。算用数字で書きましょう。 一つ6〔12点〕

(1) 労（　）画目　(2) 焼（　）画目

3 次の慣用句の（　）に当てはまる体の部分を、［　］から選んで書きましょう。 一つ7〔28点〕

(1)（　）をかりる。 意味 手伝ってもらう。
(2)（　）がすべる。 意味 うっかり話してしまう。
(3)（　）にかける。 意味 じまんする。
(4)（　）をひねる。 意味 よく考える。

［ 口　頭　手　鼻 ］

4 （　）に当てはまる言葉をア〜ウから選んで、記号で答えましょう。 一つ6〔18点〕

(1) 試合の後半に、チームの（　）きた。
(2) 入学式のとき、校長先生の話を（　）聞いた。
(3) 姉はいつもやんちゃな弟の（　）いた。

ア 世話を焼いて　イ エンジンがかかって
ウ えりを正して

答えは70ページ

かくにん 22

慣用句
短歌・俳句に親しもう(二)

教科書㊦60〜63ページ

月　日

10分　／100点

1 □に当てはまる漢字を書きましょう。　一つ12〔36点〕

(1) □(ろう)をおしまない。

(2) さんまを□(や)く。

(3) 明かりが道を□(て)らす。

2 次の文には漢字のまちがいが一つずつあります。まちがえている漢字の横に——を引いて、正しい漢字を書きましょう。　両方できて一つ14〔28点〕

(1) 兄弟はとても中がよい。（　　）

(2) 氷を入れて飲み物を令やす。（　　）

3 次の短歌の意味をア〜ウから選んで、記号で答えましょう。　一つ12〔36点〕

(1) 晴れし空仰(あお)げばいつも
口笛を吹(ふ)きたくなりて
吹きてあそびき
石川(いしかわ)　啄木(たくぼく)（　）

(2) 金色のちひさき鳥のかたちして銀杏(いちょう)ちるなり夕日の岡(い)に
与謝野(よさの)　晶子(あきこ)（　）

(3) ゆく秋の大和(やまと)の国の薬師(やくし)寺の塔(とう)の上なる一(ひと)ひらの雲
佐佐木(ささき)　信綱(のぶつな)（　）

ア　秋の終わりのころの大和の国にある薬師寺の塔を見上げると、すんだ空に一片(ぺん)の雲がうかんでいるよ。

イ　夕日の差す岡の上に、金色にかがやく小さな鳥のような形をして、銀杏の葉がちっている。

ウ　晴れている空をあおぎ見ると、いつも口笛を吹きたくなって、口笛を吹いて遊んだものだなあ。

きほん 23

教科書 ㊦ 64ページ

漢字の広場④

月　日

10分

／100点

1 ——の漢字の読みがなを書きましょう。 一つ4〔100点〕

(1) ふみ台を使う。（　）
(2) 重い石を持つ。（　）
(3) 親に相談する。（　）
(4) 実物を見る。（　）
(5) 算数の問題。（　）
(6) 校庭を走る。（　）
(7) 昔の遊び。（　）
(8) 図書委員になる。（　）
(9) 五秒待つ。（　）
(10) 昔の話を聞く。（　）
(11) 本を返す。（　）
(12) 放送の係。（　）
(13) 学校の体育館。（　）
(14) 童話を読む。（　）
(15) 感想を書く。（　）
(16) 鼻血が出る。（　）
(17) 四角形の面積。（　）
(18) 神話の本。（　）
(19) 昭和のころ。（　）
(20) 指名される。（　）
(21) 歯がいたむ。（　）
(22) 軽いかばん。（　）
(23) 笛をふく。（　）
(24) 仕事をこなす。（　）
(25) 数が倍になる。（　）

答えは70ページ

かくにん 23

漢字の広場④

教科書㊦64ページ

月　日

10分　／100点

1 □に当てはまる漢字を書きましょう。 一つ4〔100点〕

(1) □□（きりつ）して答える。

(2) □（ふえ）を□（つか）う。

(3) クラスの図書□□（いいん）。

(4) □（むかし）の□□（せかい）地図。

(5) 大臣を□□（しめい）する。

(6) □（つぎ）の□□（しごと）。

(7) □（は）をみがく。

(8) □（かかり）に□□（そうだん）する。

(9) □□（どうわ）の本を□（かえ）す。

(10) □□（めんせき）の□□（もんだい）。

(11) □□（じつぶつ）より□（かる）い。

(12) □□（しょうわ）のあゆみ。

(13) □□（こうてい）で遊ぶ。

(14) 長方形の□（よこ）の長さ。

(15) □□□（たいいくかん）に入る。

(16) □□（かんそう）をのべる。

(17) □（ばい）の大きさの箱。

(18) □（おも）い石を運ぶ。

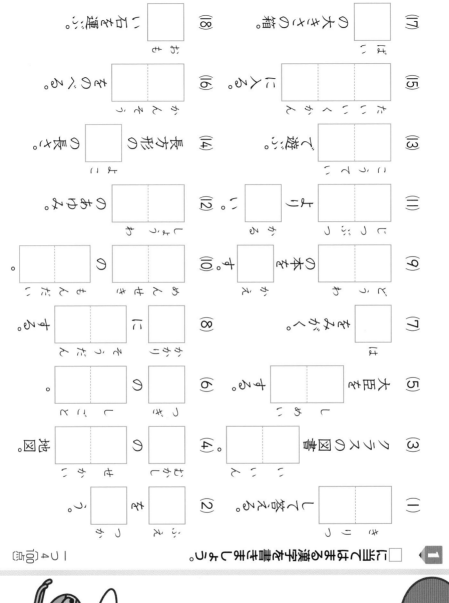

きほん 24

友情のかべ新聞

教科書 下 65〜83ページ

月　日

10分　／100点

1 ——の漢字の読みがなを書きましょう。　一つ7〔70点〕

(1) 好きなもの。（　　）
(2) 正反対の方向。（　　）
(3) 最高の作品。（　　）
(4) 反省する（　　）
(5) 放課後になる。（　　）
(6) 無理をしない。（　　）
(7) 右側に立つ。（　　）
(8) 改めて読む。（　　）
(9) 正直にあやまる。（　　）
(10) 森を一周する。（　　）

2 次の漢字の赤い部分は、何画目に書きますか。算用数字で書きましょう。　一つ8〔16点〕

(1) 好（　　）画目
(2) 無（　　）画目

3 ——の言葉の意味をア〜エから選んで、記号で答えましょう。　一つ7〔14点〕

(1) たいこう心をもやす。（　　）
(2) 転んだはずみでハンカチを落とす。（　　）

ア　何かをしたちょうどそのとき。
イ　みんなで力を合わせようとする気持ち。
ウ　たがいに負けないように競い合う気持ち。
エ　始まるちょっと前。

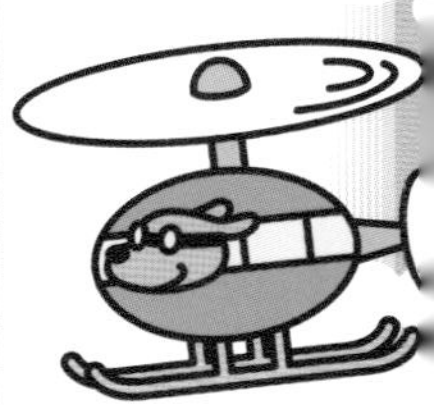

答えは70ページ

かくにん24

友情(じょう)のかべ新聞

教科書㊦65～83ページ

月　日

10分　／100点

1 □に当てはまる漢字を書きましょう。　一つ９〔72点〕

(1) □(す)きな花。

(2) □□(さいこう)の気分。

(3) 行いを□□(はんせい)する。

(4) □□□(ほうかご)の練習。

(5) □□(むり)な方法。

(6) □□(みぎがわ)を見る。

(7) □(あらた)めて考える。

(8) 運動場を□□(いっしゅう)する。

2 （　）に当てはまる言葉をア～エから選んで、記号で答えましょう。　一つ７〔21点〕

(1) 急な雨で体育が中止になり、（　）。

(2) かべのポスターが（　）。

(3) 本をどこに置きわすれたのだろうかと（　）。

ア 首をひねる　イ 目に飛びこんでくる

ウ ため息をつく　エ 顔をよせる

3 ――の使い方が正しい文をア～エから一つ選んで、○をつけましょう。　〔７点〕

ア（　）明日の予定を、すいりして伝える。

イ（　）物語を読んで、感想をすいりする。

ウ（　）昨日何が起きたのかをすいりする。

エ（　）自分の意見を、すいりして決める。

きほん 25

教科書 ㊦ 84〜95ページ

もしものときにそなえよう
季節の言葉4　冬の楽しみ
自分だけの詩集を作ろう
言葉から連想を広げて

月　日

10分

／100点

1 ――の漢字の読みがなを書きましょう。　一つ8〔56点〕

(1) 昔の自然災（さい）害。（　　）
(2) 豪（ごう）雨になる。（　　）
(3) 元旦（たん）の行事。（　　）
(4) 共通点がある。（　　）
(5) 連想を広げる。（　　）
(6) 行動を共にする。（　　）
(7) 名前を連ねる。（　　）

2 次の行事と関係のある言葉をア〜エから二つずつ選んで、記号で答えましょう。　一つ6〔24点〕

(1) 大みそか（　　）（　　）
(2) お正月（　　）（　　）

ア　初日の出　　イ　年こしそば
ウ　ぞうに　　　エ　じょやのかね

3 理由を挙げている文には○、例を挙げている文には△を書きましょう。　一つ5〔20点〕

(1) 好きな花は、例えばスミレとバラだ。（　　）
(2) 運動会は明日になった。なぜなら、雨だからだ。（　　）
(3) 生産が多い農産物には、玉ねぎとキャベツが当たる。（　　）
(4) 欠席したのは、かぜをひいたためである。（　　）

答えは70ページ

かくにん 25

もしものときにそなえよう
季節の言葉4　冬の楽しみ
自分だけの詩集を作ろう
言葉から連想を広げて

教科書 下 84〜95ページ

月　日

10分　／100点

1 □に当てはまる漢字を書きましょう。　一つ9〔45点〕

(1) 災（さい）□（がい）をふせぐ。
(2) 豪（ごう）□（う）の予報（ほう）。
(3) □（がん）旦（たん）をむかえる。
(4) 二人の□□□（きょうつうてん）。
(5) 一語から□□（れんそう）する。

2 □に当てはまる、同じ部首の漢字を書きましょう。　一つ7〔28点〕

(1) ① □（がい）虫をふせぐ。
② 消化器□（かん）。

(2) ① □（れん）続でなわをとぶ。
② 目標を□（たっ）成する。

3 「みかん」かられんそうして、思いついた言葉を書きました。次の言葉はどのようにれんそうを広げているか、ア〜エから選んで記号で答えましょう。　一つ9〔27点〕

(1) 太陽みたいな色。（　）
(2) あまくて、ちょっとすっぱい。（　）
(3) 横長のだ円形。（　）

ア　色、形など、見たままを言葉にする。
イ　聞こえる音やにおい、味などの感じを表す。
ウ　べつのものにたとえる。
エ　表現（げん）したい物になりきって考える。

きほん 26

熟語(じゅく)の意味

教科書(下)96〜97ページ

月　日

10分　／100点

1 ――の漢字の読みがなを書きましょう。　一つ4〔72点〕

(1) 木刀をふる。（　　）
(2) 流星を見る。（　　）
(3) 近所の竹林。（　　）
(4) 人力で運ぶ。（　　）
(5) 母からの伝言。（　　）
(6) 願望をいだく。（　　）
(7) 記録の消失。（　　）
(8) 学校の周辺。（　　）
(9) 地形の高低。（　　）
(10) 勝敗が決まる。（　　）
(11) けやきの老木。（　　）
(12) 海底にすむ魚。（　　）
(13) 開票が進む。（　　）
(14) 飛行機の着陸。（　　）
(15) 右手の血管。（　　）
(16) 大きな岩石。（　　）
(17) 衣服の整理。（　　）
(18) 右折をする。（　　）

2 〈例〉にならって、次の言葉を訓読みの言葉にしましょう。　一つ4〔16点〕

〈例〉深海 → （深い海）
(1) 高山 → （　　）
(2) 住所 → （　　）
(3) 食物 → （　　）
(4) 温水 → （　　）

3 上の漢字と反対の意味の漢字を□に書き、二字の熟語(じゅく)を作りましょう。　一つ4〔12点〕

(1) 多□
(2) 長□
(3) 明□

答えは71ページ

かくにん 26

熟語の意味

教科書㊦96〜97ページ

月　日

10分　／100点

1 □に当てはまる漢字を書きましょう。　一つ5〔30点〕

(1) □□（がんぼう）がかなう。

(2) 駅の□□（しゅうへん）を歩く。

(3) □□（こうてい）差がある土地。

(4) □□（しょうはい）を争う。

(5) 空港に□□（ちゃくりく）する。

(6) □□（いふく）をしまう。

2 次の熟語の訓を手がかりにして、意味を書きましょう。　一つ6〔30点〕

(1) 氷山（　　）

(2) 体重（　　）

(3) 最多（　　）

(4) 止血（　　）

(5) 挙手（　　）

3 次の熟語はア〜エのどれに当てはまりますか。記号で答えましょう。　一つ5〔40点〕

(1) 読書（　）　(2) 岩石（　）　(3) 梅園（　）

(4) 売買（　）　(5) 乗馬（　）　(6) 絵画（　）

(7) 自他（　）　(8) 前進（　）

ア　にた意味をもつ漢字の組み合わせ。

イ　反対の意味をもつ漢字の組み合わせ。

ウ　上の漢字が、下の漢字を修飾する関係にある組み合わせ。

エ　「——を」「——に」に当たる意味の漢字が下に来る組み合わせ。

きほん 27

漢字の広場⑤

教科書㊦98ページ

月　日

／100点　10分

1 ――の漢字の読みがなを書きましょう。　一つ4〔100点〕

(1) 手帳に書く。（　　）
(2) 両親の仕事。（　　）
(3) ごみを拾う。（　　）
(4) バスの車庫。（　　）
(5) 寒い冬が来る。（　　）
(6) 洋服をたたむ。（　　）
(7) 信号が変わる。（　　）
(8) 漢字を書く。（　　）
(9) 家の太い柱。（　　）
(10) 美化に努(つと)める。（　　）
(11) 短いひも。（　　）
(12) 火を消す。（　　）
(13) 本の整理。（　　）
(14) 広い道路。（　　）
(15) 写真をとる。（　　）
(16) 遊具で遊ぶ。（　　）
(17) 一丁目の交番。（　　）
(18) 家の屋根。（　　）
(19) お客様をよぶ。（　　）
(20) 木に登る。（　　）
(21) 自分の住所。（　　）
(22) お湯をわかす。（　　）
(23) 家で勉強する。（　　）
(24) 二階に上がる。（　　）
(25) 身長をはかる。（　　）

答えは71ページ

かくにん 27

漢字の広場⑤

教科書㊦98ページ

月　日

10分　／100点

1 □に当てはまるかんじを書きましょう。 一つ4〔100点〕

(1) □□□（いっちょうめ）の店。

(2) 公園の□□（ゆうぐ）。

(3) 熱い□（ゆ）を注ぐ。

(4) 高い山に□（のぼ）る。

(5) □（さむ）い地方に行く。

(6) □□（ようふく）を着る。

(7) □□（てちょう）を買う。

(8) りんごの□（かわ）を□（ひろ）う。

(9) □□（りょうしん）の□□（しゃしん）。

(10) □□（しんごう）を□（ま）つ。

(11) □□（かんじ）の□□（べんきょう）。

(12) 時間が□（みじか）い。

(13) □□（しゃこ）の□□（やね）。

(14) □□（しんちょう）がのびる。

(15) □□（どうろ）の□□（びか）。

(16) お□□（きゃくさま）が来る。

(17) □□（じゅうしょ）と名前。

(18) 家の□□（にかい）の□（はしら）。

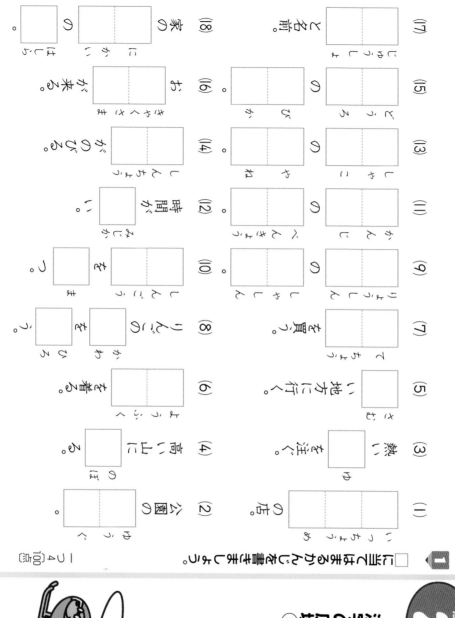

きほん 28

風船でうちゅうへ

教科書 下 99〜112ページ

月　日

10分　／100点

1 ――の漢字の読みがなを書きましょう。 一つ7〔56点〕

(1) 一号機の完成。（　　）
(2) 最初の実験。（　　）
(3) 別の失敗。（　　）
(4) 残念な結果。（　　）
(5) 希望をすてない。（　　）
(6) 努力を続ける。（　　）
(7) 心に残る。（　　）
(8) 勉学に努める。（　　）

2 次の漢字の四画目に書く部分を、えんぴつでなぞりましょう。 一つ7〔14点〕

(1) 別
(2) 希

3 次の言葉の意味をア〜オから選んで、――で結びましょう。 一つ6〔30点〕

(1) そうち・
(2) かなた・
(3) 想定外・
(4) 予測（そく）・
(5) 試行錯誤（さくご）・

・ア 遠くの方。
・イ 起こることを前もって考えること。
・ウ そなえつけた機械や道具。
・エ 失敗しながら目標に近づくこと。
・オ 予想のはんいをこえること。

答えは71ページ

かくにん 28

風船でうちゅうへ

教科書 下 99〜112ページ

月　日

10分　／100点

1 □に当てはまる漢字を書きましょう。　一つ9〔36点〕

(1) □(べつ)の場所へ行く。

(2) □□(ざんねん)に思う。

(3) □□(きぼう)をもつ。

(4) □□(どりょく)を重ねる。

2 □に当てはまる、同じ読みの漢字を書きましょう。　一つ8〔32点〕

(1)
① 作品が□(かん)成する。
② □(かん)客席

(2)
① 理科の実□(けん)。
② □(けん)康的な生活。

3 (　)に当てはまる言葉をア〜エから選んで、記号で答えましょう。　一つ8〔32点〕

(1) わたしは、方法を変える必要があると(　)。

(2) 毎日水やりをした(　)、にんじんの芽は出なかった。

(3) たこが飛ばない(　)、風が弱いことだった。

(4) これからも、きっと成功する(　)。

ア にもかかわらず　イ 感じました

ウ でしょう　エ げんいんは

きほん 29

教科書 下 113～124ページ

つながりに気をつけよう
心が動いたことを言葉に
調べて話そう、生活調査隊

月　日

10分

／100点

1 ――の漢字の読みがなを書きましょう。 一つ6〔66点〕

(1) 約束をする。（　　）
(2) 野鳥を見る。（　　）
(3) 鳥が巣を作る。（　　）
(4) たまごを産む。（　　）
(5) 天候が悪い。（　　）
(6) 夜空の観察。（　　）
(7) 特に白く光る星。（　　）
(8) 自ら実行する。（　　）
(9) 八十一兆個（　　）
(10) 三千億円（　　）
(11) 望遠鏡を買う。（　　）

2 次の文はア、イのどちらの意味になりますか。記号で答えましょう。 一つ6〔24点〕

(1)
① 姉は泣きながら、にげる弟を追いかけた。（　　）
② 姉は、泣きながらにげる弟を追いかけた。（　　）
ア 泣いているのは弟。　イ 泣いているのは姉。

(2)
① ぼくは、山田さんと田中さんの家をたずねた。（　　）
② ぼくは山田さんと、田中さんの家をたずねた。（　　）
ア ぼくが、二人の家をたずねた。
イ ぼくは二人で、田中さんの家をたずねた。

3 友達が書いた詩の感想を伝えるときに大事なことを二つ選んで、○をつけましょう。 一つ5〔10点〕

（　　）ア 言葉や表現（げん）の工夫に着目して伝える。
（　　）イ 直したほうがよい言葉や表現をさがして伝える。
（　　）ウ よいところや気に入ったところを見つけて伝える。

答えは72ページ

かくにん 29

教科書 ㊦ 113〜124ページ

つながりに気をつけよう
心が動いたことを言葉に
調べて話そう、生活調査隊

月　日

10分　／100点

1 □に当てはまる漢字を書きましょう。　一つ8〔48点〕

(1) □□（やくそく）の時間。
(2) 良い□□（てんこう）が続く。
(3) 動物を□□（かんさつ）する。
(4) 八十一□（ちょう）円の予算。
(5) 千□（おく）キロメートル。
(6) □□□（ぼうえんきょう）で見る。

2 □に当てはまる、形がにた漢字を書きましょう。　一つ7〔28点〕

(1) ① からすの□（す）。
② 重さの□（たん）位。
(2) ① □（とく）別な料理。
② 主人公の気□（も）ち。

3 次の言葉に続くものを一つ選んで、○をつけましょう。　一つ8〔16点〕

(1) ぼくのゆめは
ア（　）サッカー選手になることです。
イ（　）サッカー選手になりたいです。
ウ（　）サッカー選手になるでしょう。

(2) わたしの好物は
ア（　）ケーキを食べることです。
イ（　）ケーキが食べたいです。
ウ（　）ケーキです。

4 数量をくらべやすい資料はどれですか。ア〜ウから選んで、記号で答えましょう。　〔8点〕

ア 写真　イ ぼうグラフ　ウ 折れ線グラフ　（　）

きほん 30

教科書㊦125～142ページ

スワンレイクのほとりで

月　日

10分

／100点

1 ――の漢字の読みがなを書きましょう。　一つ8〔48点〕

(1) 白鳥の湖。（　　）
(2) 散歩をする。（　　）
(3) 移民が多い。（　　）
(4) 目が覚める。（　　）
(5) 勇気を出す。（　　）
(6) にっこり笑う。（　　）

2 次の――の言葉が表す様子をア～ウから選んで、記号で答えましょう。　一つ8〔16点〕

(1) 満足のいく発表ができてむねをはる。（　　）
(2) じゃれて遊ぶ子犬のすがたに目を細める。（　　）

ア　うれしくなってにこにこする様子。
イ　じっくりとよく観察する様子。
ウ　どうどうとして自信がある様子。

3 次の言葉に続くものを［　］から選んで、書きましょう。　一つ9〔36点〕

(1) 大きな雲が、少しずつ（　　）。
(2) 静かにほほえみを（　　）。
(3) 問いかけにすぐ答えが（　　）。
(4) まどから美しい景色を（　　）。

うかべる　ちぎれる　返る　ながめる　残る

答えは72ページ

かくにん30

スワンレイクのほとりで

教科書㊦125〜142ページ

月　日

／100点　10分

1 □に当てはまる漢字を書きましょう。　一つ8〔48点〕

(1) □□（はくちょう）が飛ぶ。

(2) □□（さんぽ）に出かける。

(3) 移□（みん）の歴史。

(4) ゆめから□（さ）める。

(5) □□（ゆうき）のある行動。

(6) 大声で□（わら）う。

2 ┆┆の漢字を組み合わせて、二字の熟語（じゅくご）を三つ作りましょう。　一つ8〔24点〕

□□　□□　□□

続　観　連　練　察　習

3 次の（　）に当てはまるものをア〜エから選んで、記号で答えましょう。　一つ7〔28点〕

(1) 昨日からの雨が（　）やむ。

(2) えんぴつを（　）力をこめてにぎる。

(3) （　）重いトマトの実をとる。

(4) 作文を（　）と書き上げる。

ア　ずっしりと　イ　ぎゅっと　ウ　すらすら　エ　ぴたりと

きほん 31

漢字の広場⑥

教科書㊦143ページ

月　日

10分

／100点

1 ――の漢字の読みがなを書きましょう。 一つ4〔100点〕

(1) 詩を読む。（　）
(2) 他校生の友達。（　）
(3) クラスの代表。（　）
(4) 運動会の当日。（　）
(5) 戦いに負ける。（　）
(6) 山田君の声。（　）
(7) 作品のてんじ。（　）
(8) 必死になる。（　）
(9) ゴールを守る。（　）
(10) 文章を書く。（　）
(11) 四月の始業式。（　）
(12) 交流を深める。（　）
(13) 学級会を開く。（　）
(14) 球をける。（　）
(15) 第五回大会。（　）
(16) 日時を決定する。（　）
(17) 試合で勝つ。（　）
(18) 反対意見。（　）
(19) 五年生に進級する。（　）
(20) 毛筆を習う。（　）
(21) ボールを投げる。（　）
(22) 文集を作る。（　）
(23) バットで打つ。（　）
(24) 新学期になる。（　）
(25) 息が苦しい。（　）

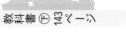

答えは72ページ

かくにん 31

漢字の広場⑥

教科書㊦143ページ

月　日

10分

／100点

1 □に当てはまる漢字を書きましょう。　一つ4〔100点〕

(1) □□□（しんがっき）

(2) □（たま）を□（な）げる。

(3) 田中□（くん）が書いた□（し）。

(4) □（た）校生との□□（こうりゅう）。

(5) クラスの□□（ぶんしゅう）。

(6) □□□（しぎょうしき）の日。

(7) 五回□□（うんどう）会。

(8) □□（ひっし）に□（まも）る。

(9) □□（もうひつ）の□□（さくひん）。

(10) 六年生に□□（しんきゅう）する。

(11) □□（はんたい）の□□（いけん）。

(12) □□（だいひょう）を選ぶ。

(13) □（か）つために練習する。

(14) 選手を□□（けってい）する。

(15) ボールを□（う）つ。

(16) むねが□（くる）しい。

(17) □□（ぶんしょう）を読む。

(18) てきに□（ま）ける。

答え

1 3・4ページ

1 (1)しんごう (2)そくたつ (3)と
(4)うんてんせき (5)たてもの (6)な
(7)もくひょう (8)れい (9)ともだち
(10)ほうほう (11)ぶんるい
(12)きかい (13)ししょ (14)じてん
(15)しる (16)じゅん (17)きろく

2 (1)エ (2)ウ

3 (1)イ (2)エ (3)ア (4)ウ

★★★

1 (1)信号 (2)速達 (3)飛
(4)運転席 (5)菜 (6)分類・方法

2 (1)例える (2)建てる

3 (1)イ (2)ウ (3)ア (4)エ (5)オ

2 5・6ページ

1 (1)じてん (2)な (3)かくすう
(4)おんくん (5)ぶしゅ (6)めじるし
(7)とうざいなんぼく (8)しず
(9)やしろ (10)あいどくしょ
(11)さくや (12)もと (13)せいねん
(14)しろ (15)しょか (16)ふうけい
(17)む (18)かいが (19)りっしゅん

2 (1)①な ②せい
(2)①じょう ②しろ

★★★

1 (1)辞典 (2)訓 (3)目印
(4)昨夜 (5)風景 (6)群

2 (1)ウ (2)イ (3)ア

3 (1)しんにょう（しんにゅう）・3
(2)こざとへん・3

3 7・8ページ

1 (1)ひつよう (2)もくてき
(3)もち (4)かなら
(5)かなめ (6)まと

2 (1)2 (2)4

3 (1)ア (2)イ (3)エ (4)ウ

★★★

1 (1)必要 (2)目的 (3)用

2 (1)・(3)

3 (1)イ (2)ウ (3)ア (4)エ

4 9・10ページ

1 (1)ふ (2)みやぎ (3)たなばた
(4)やまがた (5)いばらき (6)とちぎ
(7)ぐんま (8)さいたま (9)じんこう
(10)かながわ (11)にいがた (12)いばら

2 (1)①がた ②けい ③ぎょう
(2)①ば ②ま
(3)①こう ②くち
(4)①しん ②あら ③にい

★★★

1 (1)府 (2)宮城 (3)茨城 (4)栃木

(5)群馬　(6)埼玉　(7)神奈川　(8)新潟

2 (1)形　(2)人口

3 (1)イ　(2)ア

5　11・12ページ

1 (1)とやま　(2)ふくい
(3)やまなし　(4)りょう
(5)ぎふ　(6)しずおか

2 (1)8　(2)11　(3)8　(4)8

3 (1)①ふ　②と　③とみ
(2)①りょう　②はか

★★★

1 (1)富山　(2)福井　(3)山梨
(4)量　(5)岐阜　(6)静岡

2 (1)①両　②量　(2)①井　②医

3 群　奈　梨（順不同）

6　13・14ページ

1 (1)しま　(2)びょういん　(3)みや
(4)ぎょうれつ　(5)としょかん
(6)ちく　(7)やくしょ　(8)もう
(9)ま　(10)ひつじ　(11)う　(12)おんしつ
(13)しょうてん　(14)のうか
(15)やっきょく　(16)みなと
(17)さかみち　(18)やど　(19)ちゅうおう
(20)ほうそうきょく　(21)えき

2 (1)①きょう　②はし
(2)①しゃ　②もの

★★★

1 (1)鉄橋　(2)地区・商店　(3)申
(4)県立・館　(5)農家・温室
(6)都合　(7)放送局　(8)中央
(9)港・宿　(10)湖・畑　(11)店主

(12)安売　(13)駅・銀行　(14)島・宮
(15)羊　(16)医者　(17)曲　(18)植

7　15・16ページ

1 (1)つた　(2)あんないず
(3)せつめいず　(4)けしき
(5)しあい　(6)こうはん　(7)せんしゅ
(8)かんきゃくせき　(9)はた
(10)しょうり　(11)しゅざい
(12)かんけい

2 (1)ア　(2)ア

3 (1)エ　(2)ア　(3)イ　(4)ウ

★★★

1 (1)伝　(2)案内図　(3)説明
(4)景色　(5)試合　(6)選手
(7)観客席　(8)旗
(9)勝利　(10)取材

2 (1)安・案　(2)間・関

3 (1)イ　(2)ウ　(3)ア

8　17・18ページ

1 (1)いがい　(2)きせつ
(3)しくちょうそん　(4)ぐんめい
(5)ふし

2 (1)8　(2)13

3 (1)①し　②いち
(2)①むら　②そん

4 (1)意外　(2)以外

★★★

1 (1)以外　(2)季節
(3)市区町村　(4)郡名

2 (1)①郡　②群　(2)①季　②委

3 (1)ア　(2)エ　(3)イ　(4)ウ

4 ウ・ア

9　19・20ページ

1 (1)みどりいろ (2)びょうどう
(3)かぞく (4)あつ (5)しゅっぱつ
(6)そそ (7)おんど (8)なつまつ
(9)ね (10)たいよう (11)れんしゅう
(12)しら (13)すみ (14)きゅうしゅう
(15)なみ (16)あぶら (17)にもつ
(18)ゆうめい (19)くば
(20)けんきゅう (21)てっぱん

2 (1)①りょ ②たび
(2)①こおり ②ひょう

★★★

1 (1)味 (2)旅行・予定 (3)泳
(4)荷物・持 (5)平等・配 (6)豆
(7)暑 (8)油・注 (9)家族
(10)温度・調 (11)息・練習
(12)自由研究 (13)出発 (14)氷 (15)速
(16)緑色・葉 (17)全部 (18)命中

10　21・22ページ

1 (1)せんそう (2)はいきゅう
(3)はん (4)ず (5)ほうたい (6)な
(7)ぐんか (8)へいたい (9)いちりん
(10)たたか (11)あらそ
(12)ひるめし (13)わな

2 (1)包 (2)帯

3 (1)いくらでも (2)とうとう
(3)決まって

★★★

1 (1)戦争 (2)配給 (3)飯 (4)包帯
(5)泣 (6)軍歌 (7)兵隊 (8)一輪

2 (1)戦う (2)帯びる
(3)包む (4)争う

3 ウ

11　23・24ページ

1 (1)けんこう (2)おっと (3)し
(4)しゅくじつ (5)ひゃっかてん
(6)たいふう (7)じどうかん
(8)きのう（さくじつ） (9)きかん
(10)よ (11)ときょうそう

2 (1)11 (2)20

3 (1)だから (2)しかし
(3)それとも (4)しかも
(5)つまり (6)さて

★★★

1 (1)健康 (2)祝日・夫 (3)氏
(4)児童館 (5)器官 (6)徒競走

2 (1)ウ (2)ア (3)エ (4)オ

3 (1)ア (2)イ

12　25・26ページ

1 (1)め (2)なら (3)うめ
(4)ようやく (5)くふう (6)つ
(7)せいしょ (8)かいとう (9)ふきん

2 (1)ア (2)ウ (3)イ

3 (1)エ (2)イ (3)ア・ウ（順不同）

★★★

1 (1)芽 (2)梅 (3)要約
(4)工夫 (5)付 (6)清書

2 (1)①清 ②晴 (2)①海 ②梅

3 (1)ウ (2)イ

13　27・28ページ

1 (1)しが　(2)おおさか　(3)とっとり
(4)とくしま　(5)かがわ　(6)えひめ
(7)さが　(8)ながさき　(9)くまもと
(10)おおいた　(11)かごしま
(12)おきなわ　(13)かお　(14)しか
2 (1)イ　(2)ア
3 (1)ウ　(2)イ　(3)ア

★★★

1 (1)滋賀　(2)大阪　(3)鳥取
(4)徳島　(5)香川　(6)愛媛
(7)佐賀　(8)長崎　(9)熊本
(10)大分　(11)鹿児島　(12)沖縄
2 (1)①佐　②作　(2)①画　②賀

14　29・30ページ

1 (1)ねったい　(2)てつだ
(3)しゅんかしゅうとう
(はるなつあきふゆ)
(4)はたら　(5)えいよう　(6)み
(7)あつ　(8)やしな　(9)まんぞく
2 (1)熱　(2)養
3 (1)ア・ウ　(2)イ・エ
(それぞれ順不同)
4 (1)ウ　(2)ア　(3)イ

★★★

1 (1)熱帯　(2)手伝　(3)秋冬
(4)働　(5)栄養　(6)満
2 (1)ア・ウ　(2)エ　(3)イ
3 ポップ・帯

15　31・32ページ

1 (1)ま・か　(2)ねえ　(3)めいれい
(4)いち　(5)ぎょぎょう
(6)かいすいよくじょう
(7)しゅっけつ　(8)そつぎょうしき
(9)たんこうぼん　(10)けっか
(11)ちょっけい　(12)ふくだいじん
(13)がいとう　(14)お　(15)あ
(16)むす　(17)は
2 (1)イ　(2)ウ　(3)オ　(4)ア　(5)エ

★★★

1 (1)命令　(2)位置　(3)漁業
(4)卒業式　(5)単行本　(6)結果
(7)直径　(8)街灯
2 (1)イ・ウ　(2)ア
3 (1)たつ　(2)かかる　(3)つける

16　33・34ページ

1 (1)えいご　(2)さんこう
(3)がっしょう　(4)しおけ
(5)ちすい　(6)いんさつ
2 (1)①しょう　②とな
(2)①さっ　②す
3 (1)8　(2)8
4 (1)tyakuseki　(2)zisyo

★★★

1 (1)英語　(2)参考　(3)合唱
(4)塩気　(5)治水　(6)印刷
2 (1)du　(2)nn・dya・nn
3 (1)isi・ishi　(2)tyûi・chûi
(3)zyûen・jûen
(どちらも順不同)

17　35・36ページ

1 (1)こうふく　(2)む　(3)はじ
(4)うつく　(5)さけ　(6)あ　(7)さら
(8)ころ　(9)の　(10)かいがん
(11)さ　(12)ふか　(13)う　(14)お
(15)の　(16)れい　(17)お　(18)わる
(19)お　(20)すす　(21)くら　(22)かな
(23)たまてばこ　(24)たす　(25)つ

★★★

1 (1)急・去　(2)幸福　(3)飲
(4)向　(5)皿・落　(6)終
(7)暗・進　(8)箱・開　(9)悲
(10)礼・美　(11)受・取　(12)始
(13)転　(14)海岸・着　(15)悪
(16)深　(17)助　(18)乗

18　37・38ページ

1 (1)へんか　(2)けつまつ
(3)なたね　(4)や　(5)つづ
(6)おがわ　(7)お　(8)つ
(9)まつ　(10)ふしぎ　(11)さ
(12)ねん　(13)かた　(14)びん
(15)はくぶつかん　(16)あさ
(17)しゅるい
2 (1)ウ　(2)ア　(3)エ　(4)イ
3 (1)イ　(2)ウ　(3)ア

★★★

1 (1)変化　(2)結末　(3)菜種
(4)続　(5)積　(6)不思議
(7)差　(8)便
(9)博物館　(10)浅
2 (1)折れる　(2)固める　(3)変わる
3 (1)ウ　(2)ア　(3)イ

19　39・40ページ

1 (1)そうこ　(2)なふだ　(3)まご
(4)せいこう　(5)さんか
(6)ぼくじょう
(7)とくほん（どくほん・よみほん）
(8)か　(9)みょうごにち
(10)べいさく（こめさく）
(11)こがい　(12)こ
(13)なか　(14)くわ
2 (1)ア　(2)イ　(3)イ　(4)ア
(5)イ　(6)イ

★★★

1 (1)倉庫　(2)名札　(3)孫
(4)成功　(5)参加　(6)牧場
(7)借　(8)明後日
2 (1)①量　②計
(2)①競走　②競争
3 (1)①起きる　②起こす
(2)①集まら　②集まれ

20　41・42ページ

1 (1)あ　(2)きょうりょく
(3)せっきょくてき　(4)もと
2 (1)協　(2)求
3 イ・エ（順不同）
4 (1)イ　(2)ウ　(3)ア

★★★

1 (1)挙　(2)協力　(3)積極的　(4)求
2 (1)①去　②挙　(2)①極　②局
3 (1)×　(2)○　(3)○　(4)×　(5)×

21　43・44ページ

1 (1)みらい (2)こうげいひん (3)かくち (4)ざいりょう (5)しぜん (6)てんねん

2 (1)エ (2)イ (3)ア (4)ウ (5)オ

3 (1)エ (2)ウ (3)イ

★★★

1 (1)未来 (2)工芸品 (3)各地 (4)材料 (5)自然

2 (1)①末 ②未 (2)①料 ②科

3 (1)ウ (2)エ (3)ア (4)イ

22　45・46ページ

1 (1)なか (2)ろう (3)や (4)ひ (5)こんじき (6)て

2 (1)4 (2)7

3 (1)手 (2)口 (3)鼻 (4)頭

4 (1)イ (2)ウ (3)ア

★★★

1 (1)労 (2)焼 (3)照

2 (1)中・仲 (2)令・冷

3 (1)ウ (2)イ (3)ア

23　47・48ページ

1 (1)つか (2)おも (3)そうだん (4)じつぶつ (5)もんだい (6)こうてい (7)あそ (8)いいん (9)びょう (10)むかし (11)かえ (12)かかり (13)たいいくかん (14)どうわ (15)かんそう (16)はなぢ (17)めんせき (18)しんわ (19)しょうわ (20)しめい (21)は (22)かる (23)ふえ (24)しごと (25)ばい

★★★

1 (1)起立 (2)笛・使 (3)委員 (4)昔・世界 (5)指名 (6)次・仕事 (7)歯 (8)係・相談 (9)童話・返 (10)面積・問題 (11)実物・軽 (12)昭和 (13)校庭 (14)横 (15)体育館 (16)感想 (17)倍 (18)重

24　49・50ページ

1 (1)す (2)せいはんたい (3)さいこう (4)はんせい (5)ほうかご (6)むり (7)みぎがわ (8)あらた (9)しょうじき (10)いっしゅう

2 (1)2 (2)3

3 (1)ウ (2)ア

★★★

1 (1)好 (2)最高 (3)反省 (4)放課後 (5)無理 (6)右側 (7)改 (8)一周

2 (1)ウ (2)イ (3)ア

3 ウ

25　51・52ページ

1 (1)がい (2)う (3)がん (4)きょうつうてん (5)れんそう (6)とも (7)つら

2 (1)イ・エ (2)ア・ウ
（どちらも順不同）

3 (1)△ (2)○ (3)△ (4)○

★★★

1 (1)害 (2)雨 (3)元
(4)共通点 (5)連想

2 (1)①害 ②官 (2)①連 ②達

3 (1)ウ (2)イ (3)ア

26 53・54ページ

1 (1)ぼくとう (2)りゅうせい
(3)ちくりん（たけばやし）
(4)じんりき (5)でんごん
(6)がんぼう (7)しょうしつ
(8)しゅうへん (9)こうてい
(10)しょうはい (11)ろうぼく
(12)かいてい (13)かいひょう
(14)ちゃくりく (15)けっかん
(16)がんせき (17)いふく
(18)うせつ

2 (1)高い山 (2)住む所
(3)食べ（る）物 (4)温かい水

3 (1)少 (2)短 (3)暗

★★★

1 (1)願望 (2)周辺 (3)高低
(4)勝敗 (5)着陸 (6)衣服

2 (1)氷の山 (2)体の重さ
(3)最も多い (4)血を止める
(5)手を挙げる

3 (1)エ (2)ア (3)ウ
(4)イ (5)エ (6)ア
(7)イ (8)ウ

27 55・56ページ

1 (1)てちょう (2)りょうしん
(3)ひろ (4)しゃこ (5)さむ
(6)ようふく (7)しんごう (8)かんじ
(9)はしら (10)びか (11)みじか
(12)け (13)せいり (14)どうろ
(15)しゃしん (16)ゆうぐ
(17)いっちょうめ (18)やね
(19)きゃくさま (20)のぼ
(21)じゅうしょ (22)ゆ (23)べんきょう
(24)にかい (25)しんちょう

★★★

1 (1)一丁目 (2)遊具 (3)湯
(4)登 (5)寒 (6)洋服 (7)手帳
(8)皮・拾 (9)両親・写真
(10)信号・待 (11)漢字・勉強
(12)短 (13)車庫・屋根 (14)身長
(15)道路・美化 (16)客様
(17)住所 (18)二階・柱

28 57・58ページ

1 (1)かんせい (2)じっけん
(3)べつ (4)ざんねん (5)きぼう
(6)どりょく (7)のこ (8)つと

2 (1)  (2) 

3 (1)ウ (2)ア (3)オ (4)イ (5)エ

★★★

1 (1)別 (2)残念
(3)希望 (4)努力

2 (1)①完 ②観 (2)①験 ②健

3 (1)イ (2)ア (3)エ (4)ウ

29　59・60ページ

1 (1)やくそく (2)やちょう
(3)す (4)う (5)てんこう
(6)かんさつ (7)とく (8)みずか
(9)ちょう (10)おく
(11)ぼうえんきょう

2 (1)①イ ②ア (2)①ア ②イ

3 ア・ウ

★★★

1 (1)約束 (2)天候 (3)観察
(4)兆 (5)億 (6)望遠鏡

2 (1)①巣 ②単 (2)①特 ②持

3 (1)ア (2)ウ

4 イ

30　61・62ページ

1 (1)はくちょう (2)さんぽ
(3)みん (4)さ (5)ゆうき
(6)わら

2 (1)ウ (2)ア

3 (1)ちぎれる (2)うかべる
(3)返る (4)ながめる

★★★

1 (1)白鳥 (2)散歩 (3)民
(4)覚 (5)勇気 (6)笑

2 連続・観察・練習（順不同）

3 (1)エ (2)イ (3)ア (4)ウ

31　63・64ページ

1 (1)し (2)たこうせい
(3)だいひょう (4)うんどうかい
(5)ま (6)くん (7)さくひん
(8)ひっし (9)まも (10)ぶんしょう
(11)しぎょうしき (12)こうりゅう
(13)がっきゅうかい (14)たま
(15)だい (16)けってい (17)か
(18)はんたいいけん (19)しんきゅう
(20)もうひつ (21)な (22)ぶんしゅう
(23)う (24)しんがっき (25)くる

★★★

1 (1)新学期 (2)球・投 (3)君・詩
(4)他・交流 (5)文集
(6)始業式 (7)第・運動
(8)必死・守 (9)毛筆・作品
(10)進級 (11)反対・意見
(12)代表 (13)勝 (14)決定 (15)打
(16)苦 (17)文章 (18)負

3 2 1 0 9 8 7 6 5 4 ＊ ＊ D C B A